WITZ & QUIZ

M. & B. Flessner

KÄPT'N BLAUBÄRS
Quiz- und
Lügenbuch

M. & B. Flessner

Von Marianne und
Bernd Flessner ist in
den Ravensburger
Taschenbüchern
außerdem erschienen:

RTB 3016
Käpt'n Blaubärs
Flunkerbuch

RTB 3003
Total genial!
Schlaue Quizfragen
für Kids

KÄPT'N BLAUBÄRS
Quiz- und Lügenbuch

RAVENSBURGER BUCHVERLAG

Mit Bildern von Matthias Siebert

Originalausgabe
als Ravensburger Taschenbuch
Band 3008
erschienen 1996
© 1993 Ravensburger Buchverlag
Erstmals in den Ravensburger
Taschenbüchern erschienen 1993
(als RTB 1848)

Texte: © 1993 Ravensburger® FFP,
RTV/WDR
Verwendung der Texte aus dem Spiel
„Käpt'n-Blaubärs-Seemannsgarn"
mit freundlicher Genehmigung
der Firma NORIS
Nach Figuren von Walter Moers

Umschlagillustration: Matthias Siebert
Kolorierung der Innenillustrationen:
Wolfgang Pankoke

RTB-Reihenkonzeption:
Heinrich Paravicini, Jens Schmidt

**Alle Rechte dieser Ausgabe
vorbehalten durch
Ravensburger Buchverlag**

**Gesamtherstellung: Appl, Wemding
Printed in Germany**

6 5 4 3 2   01 00 99 98 97

ISBN 3-473-53008-5

WITZ & QUIZ

Der Besan^mast

„Alle Mann an Deck", ruft Käpt'n Blaubär seinen Enkeln zu, „und ran an die Eimer, Deck schrubben! Am besten fangt ihr beim Besanmast an. Was, ihr wißt nicht, wo der Besanmast ist? Also, mein Schiff hat drei Masten, und der hinterste Mast auf dem Heck des Schiffes, der heißt Besanmast. Alles klar? Und jetzt aber los, an die Eimer!"
○→ Ist die Geschichte wahr oder unwahr?

Steuerbord und Backbord

„Nee, nee", lacht Käpt'n Blaubär, „bei einem Schiff heißt das nicht rechts oder links, sondern Steuerbord und Backbord. Steuerbord ist rechts, denn früher war bei den Schiffen das Ruder nicht am Heck, sondern an der rechten Seite des Schiffes. Heute ist das ganz anders, aber die rechte Seite heißt immer noch Steuerbord und die linke Seite Backbord."
○→ Ist die Geschichte wahr oder unwahr?

Luv und Lee

„Auf einem Schiff hat alles einen Namen", erklärt Käpt'n Blaubär, „vorn ist der Bug und hinten das Heck; rechts ist Steuerbord und links ist Backbord. Klar? Und die Unterseite des Schiffes heißt Luv, und die Oberseite heißt Lee. Unten Luv, oben Lee. Ganz einfach", meint Käpt'n Blaubär.

○→ Ist die Geschichte wahr oder unwahr?

Der Wassersammelraum

„In jedem Schiff sammelt sich mit der Zeit etwas Wasser an", erklärt Käpt'n Blaubär. „Mal läuft etwas von oben durch die Luken, mal dringt etwas durch ein kleines Leck in den Spanten. Und dafür hat jedes richtige Schiff unten beim Kiel einen Raum, in dem sich dieses Wasser sammeln kann, damit man es leichter wieder von Bord pumpen kann. Diesen Raum nennen die Seeleute ‚Bilge'."

○→ Ist die Geschichte wahr oder unwahr?

Das Krähennest

„Als ich noch völlig jung war", erinnert sich Käpt'n Blaubär, „da war ich immer am schnellsten die Wanten hoch, um Segel zu setzen. Und natürlich auf Ausguck im Krähennest. Was das ist, wollt ihr wissen? Ganz einfach, das Krähennest ist das, was die Landratten den Mastkorb nennen. Aber dieses Wort ist eben falsch, denn es heißt nun mal ‚Krähennest'."

⊶ Ist die Geschichte wahr oder unwahr?

Die Meerschaumpfeife

„Ich stopf mir mal 'ne Pfeife", sagt Käpt'n Blaubär zu seinen Enkeln und holt sich den Tabak. „Meine Pfeife ist übrigens eine Meerschaumpfeife. Manchmal wird nämlich der Schaum auf den Wellen so fest, daß man ihn wie Ziegelstein brennen und dann Pfeifen aus ihm schnitzen kann. Das sind dann die berühmten Meerschaumpfeifen."

⊶ Ist die Geschichte wahr oder unwahr?

Der Erfinder des Fernrohrs

„Was Seefahrer unbedingt brauchen, wollt ihr wissen?" sagt der Käpt'n zu seinen Enkeln. „Also: einen Kompaß, einen Sextanten und ein Fernrohr. Das Fernrohr ist übrigens das älteste Instrument der Seefahrer. Ein gewisser Odysseus hat es vor langer Zeit erfunden. Er konnte seine berühmten Abenteuer damals nur bestehen, weil er alles schon von weitem durch sein Fernrohr sehen konnte."

⊶ Ist die Geschichte wahr oder unwahr?

Der beste Rum der Welt

„Na klar, mit Rum, da kenn ich mich aus", prahlt Käpt'n Blaubär, „denn alle echten Seefahrer trinken gerne Rum – und ich bin ein echter Seefahrer! Der beste Rum der Welt wird übrigens aus den Rumrosinen gemacht, die nur auf Jamaika wachsen. Sie werden im Winter geerntet, ausgepreßt, und der Saft wird so lange in großen Eichenfässern gelagert, bis der Rum fertig ist."

○→ Ist die Geschichte wahr oder unwahr?

Die Rum-Boje

„Wenn man in den Bergen in Not gerät", erklärt Käpt'n Blaubär, „dann kommen die berühmten Bernhardiner mit ihren kleinen Fäßchen. Wenn man aber schiffbrüchig wird, dann muß man versuchen, eine Rum-Boje zu erreichen. Diese Rum-Bojen mit ihren roten Lampen schwimmen überall auf den Meeren. Sie bieten Platz für drei Schiffbrüchige, und der Rum in ihren Tonnen reicht für drei Wochen."

○→ Ist die Geschichte wahr oder unwahr?

Das Feuerschiff

„Als es noch nicht überall Leuchttürme gab, haben Feuerschiffe den Seefahrern den richtigen Weg gezeigt", erklärt Käpt'n Blaubär. „An wichtigen Wasserstraßen hat man früher einfach Schiffe verankert, mit Teer präpariert und angezündet. Diese Schiffe haben dann monatelang gebrannt und anderen Schiffen durch ihr Feuer den Weg in den sicheren Hafen gezeigt. Daher nennt man sie Feuerschiffe."

o→ Ist die Geschichte wahr oder unwahr?

Schiffe aus Stein

„Schiffe und Boote kann man aus ganz verschiedenen Materialien bauen, aus Eisen und Stahl, aus Plastik und Gummi und natürlich aus Holz, so wie mein Schiff", sagt Käpt'n Blaubär. „Die Mauren aus Afrika bauen ihre Schiffe sogar aus besonderen Steinen, die kleine Luftblasen enthalten. Diese gemauerten Segelschiffe sind weltberühmt und heißen Mauersegler."

o→ Ist die Geschichte wahr oder unwahr?

Die fliegenden Schiffe

„Was, ihr seid mit einem Luftkissenboot gefahren? Na, das hat doch sicher Spaß gemacht", sagt Käpt'n Blaubär zu seinen Enkeln. „Wußtet ihr denn auch, daß so ein Luftkissenboot eigentlich gar kein Boot, sondern vielmehr ein Flugzeug ist? Das ist doch klar, denn das Luftkissenboot fliegt über das Wasser, allerdings nur ein paar Zentimeter, aber das ist ja egal. Flugzeug ist Flugzeug."

○─→ Ist die Geschichte wahr oder unwahr?

Windstärke 13

„Na, das ist keine steife Brise mehr", meint Käpt'n Blaubär, „das ist schon fast ein ausgewachsener Orkan! Wir Seefahrer geben übrigens die Windstärke in Zahlen an. 1 ist die niedrigste und 13 die höchste Windstärke. Aber Windstärke 13 hab ich nur einmal erlebt, nämlich im Polarmeer. Nur dort gibt's öfter mal Orkane mit Windstärke 13."

○─→ Ist die Geschichte wahr oder unwahr?

Andere Sterne

„Im Winter ist es nicht nur kälter auf der Erde", erklärt Käpt'n Blaubär, „man sieht auch andere Sterne am Himmel als im Sommer. Wir Seefahrer wissen das, denn wir richten uns ja nach den Sternen, wenn wir den richtigen Kurs halten wollen. Und wer das nicht weiß, der findet im Winter nie den richtigen Hafen. So sind die Sterne."

○→ Ist die Geschichte wahr oder unwahr?

Die lange Anna

„Ob ich schon mal auf Helgoland war? Und das fragt ihr ausgerechnet mich?" antwortet Käpt'n Blaubär seinen Enkeln. „Ich kenn doch Helgoland wie meine Westentasche. Die Insel besteht aus rotem Sandstein, und Klippen ragen über 100 Meter aus der Nordsee auf. Am höchsten ist aber der Felsen mit dem Namen ‚Lange Anna'. Er ist sogar 122 Meter hoch."
 Ist die Geschichte wahr oder unwahr?

Die Insel Lappland

„Die größte Insel der Welt", wiederholt Käpt'n Blaubär, „da muß ich mal überlegen – Helgoland, Falkland, Lummerland, Grönland, Ostfriesland, Island, Irland, nee, jetzt hab ich's. Lappland ist natürlich die größte Insel der Welt. Sie liegt im hohen Norden, fast beim Nordpol."
 Ist die Geschichte wahr oder unwahr?

Das Geheimnis der Osterinsel

„Frohe Ostern!" wünscht Käpt'n Blaubär seinen Enkeln und erzählt: „Es gibt sogar eine Insel, die an einem Ostersonntag entdeckt worden ist, nämlich die ‚Osterinsel'. Sie ist die abgelegenste Insel der Welt, denn das nächste Festland ist 3900 Kilometer entfernt. Und trotzdem haben früher Menschen auf ihr gelebt und riesige Steinfiguren aufgestellt. Was sie genau bedeuten, weiß allerdings niemand."

⊶ Ist die Geschichte wahr oder unwahr?

Die Insel der Edelsteine

„Es gibt eine Insel", erzählt Käpt'n Blaubär seinen Enkeln, „die nennt man auch die ‚Insel der Edelsteine', weil auf ihr unwahrscheinlich viele Rubine, Smaragde und Saphire gefunden wurden. Diese Insel liegt im Indischen Ozean, und ich habe sie oft besucht. Leider hab ich nie einen Edelstein dort gefunden. Aber schön war's trotzdem."

○─► Ist die Geschichte wahr oder unwahr?

Das Land Tuvalu

„Das kleinste Land, das ich je mit meinem Schiff besucht habe", erklärt Käpt'n Blaubär, „das ist ‚Tuvalu', das bedeutet soviel wie ‚Acht Inseln', aber in Wirklichkeit besteht das Land aus neun Inseln. Es liegt im Südpazifik und hat nur 8500 Einwohner. Die Hauptstadt heißt Funafuti und ist eigentlich ein Dorf. Aber Tuvalu ist trotzdem wunderschön."

○─► Ist die Geschichte wahr oder unwahr?

Der Weiße und der Blaue Nil

„Der Nil ist der längste Fluß der Erde", sagt Käpt'n Blaubär, „vielleicht auch der Amazonas, denn genau weiß das keiner. Aber genau weiß man, daß es nicht nur einen Nil gibt, sondern zwei, nämlich den Weißen und den Blauen Nil. Und diese beiden Nils fließen auch nicht in Ägypten, sondern im Sudan. Erst bei der Stadt Khartum treffen sie sich und fließen gemeinsam weiter ins Mittelmeer."

○→ Ist die Geschichte wahr oder unwahr?

Das Land der 55 000 Seen

„Na ja, gar nicht schlecht, dieser Bodensee", meint Käpt'n Blaubär, „aber es ist eben nur ein See. Ich kenn ein Land, das ist kleiner als Deutschland. Und das hat sage und schreibe 55 000 Seen. Doch, doch, so ein Land gibt's wirklich, und es ist gar nicht weit von hier", weiß Käpt'n Blaubär.

○→ Ist die Geschichte wahr oder unwahr?

Das Schwarze Meer

„Das Meer wird auch nicht sauberer", klagt Käpt'n Blaubär, „aber das ist kein Wunder, bei dieser Umweltverschmutzung. Bei der Nordsee merkt man das ja sofort, aber beim Schwarzen Meer würde es keiner merken, denn das Wasser ist dort nämlich ganz schwarz, kohlrabenschwarz. Daher heißt es auch Schwarzes Meer."
○—▶ Ist die Geschichte wahr oder unwahr?

Kap Hoorn

„Natürlich hab ich schon Kap Hoorn umsegelt", beteuert Käpt'n Blaubär, „sogar schon oft. Kap Hoorn nennen die Seefahrer die südlichste Spitze von Afrika, wo der Atlantik auf den Indischen Ozean trifft. Es ist sehr gefährlich bei Kap Hoorn, denn oft herrscht Windstärke 10, aber ich hatte natürlich nie Angst", behauptet Käpt'n Blaubär.
○—▶ Ist die Geschichte wahr oder unwahr?

Der Magnetberg

„Hütet euch vor dem Magnetberg!" sagt Käpt'n Blaubär und blickt seine Enkel ernst an. „Im hohen Norden, etwa zwischen Grönland und dem Nordpol, ragt der Magnetberg aus dem Wasser. Jedes Schiff aus Eisen wird von ihm angezogen und zerschellt an seinen Klippen. Nur Schiffe aus Holz können ihm entkommen."

○→ Ist die Geschichte wahr oder unwahr?

Der höchste Berg der Welt

„Nee, nee", sagt Käpt'n Blaubär energisch, „der höchste Berg der Welt ist nicht der Mount Everest mit seinen 8848 Metern. Wir Seefahrer sind da anderer Meinung: Es ist der Mauna Kea auf Hawaii, der vom Meeresgrund gemessen 10 230 Meter hoch ist, also 1382 Meter höher als der Mount Everest. Weil er aber nur 4205 Meter aus dem Wasser ragt, meinen die Landratten, daß der Mount Everest höher ist."

○→ Ist die Geschichte wahr oder unwahr?

Das Matterhorn

„Auch ein Seemann fährt manchmal in die Berge", sagt Käpt'n Blaubär zu seinen Enkeln. „Ich fahr am liebsten nach Zermatt ans Matterhorn. Dieser wunderschöne Berg war früher übrigens viel höher, aber im Jahre 1835 ist vom Gipfel ein großes Stück des Berges abgebrochen und ins Tal gestürzt. Dort liegen die Trümmer noch heute, und das Matterhorn ist seitdem 208 Meter kleiner."

⚬⭢ Ist die Geschichte wahr oder unwahr?

Das Geheimnis des Fudschijamas

„Der schönste Berg Japans ist der Fudschijama, ein schneebedeckter Vulkan", erklärt Käpt'n Blaubär. „Er wird von den Japanern als heiliger Berg verehrt. Doch er birgt ein Geheimnis, das bis heute keiner lösen konnte: Der Fudschijama ist der einzige bekannte Vulkan der Erde, der noch niemals ausgebrochen ist."

⚬⭢ Ist die Geschichte wahr oder unwahr?

Schwarzafrika

„Warum man manchmal auch ‚Schwarzafrika' oder ‚der schwarze Kontinent' statt nur ‚Afrika' sagt, wollt ihr wissen?" antwortet Käpt'n Blaubär seinen Enkeln. „Nun, das ist leicht zu erklären. Als nämlich die ersten Missionare das Land erkundeten, da stellten sie fest, daß die Erde im Dschungel pechschwarz ist. Und seitdem sagt man ‚Schwarzafrika'."
◦→ Ist die Geschichte wahr oder unwahr?

Der wunderschöne Hafen von Kabul

„Der schönste Hafen, in dem ich jemals vor Anker gegangen bin", schwärmt Käpt'n Blaubär, „das ist der Hafen von Kabul, der Hauptstadt von Afghanistan. Ich sage euch, traumhaft. Eine Kaimauer aus Marmor und Palmen am Ufer, und alle Treppen sind aus Messing. Es ist der schönste Hafen am Indischen Ozean!"
◦→ Ist die Geschichte wahr oder unwahr?

Istanbul

„Ob ich Istanbul kenne?" sagt Käpt'n Blaubär. „Na klar! Eine schöne Stadt. Übrigens hieß sie früher mal Konstantinopel und auch schon mal Byzanz. Sie ist übrigens die einzige Stadt der Welt, die auf zwei Kontinenten liegt, auf Europa und Asien. Eine große Brücke verbindet beide Erdteile."

o→ Ist die Geschichte wahr oder unwahr?

Der Zuckerhut von Rio

„Die schönste Stadt in Südamerika", wiederholt Käpt'n Blaubär, „da muß ich mal nachdenken. Ich glaube, das ist Rio de Janeiro an der Küste Brasiliens, ihr wißt schon, die Stadt mit dem Berg, der ‚Zuckerhut' heißt. Dieser Berg ist übrigens wirklich ganz aus Zucker, aus reinem kristallisiertem Zucker. Klar, der meiste Zucker kommt ja auch aus Brasilien."

○→ Ist die Geschichte wahr oder unwahr?

Der Palast der Winde

„Der schönste Palast Indiens ist der ‚Palast der Winde' in Jaipur", sagt der Käpt'n und zeigt mit dem Finger auf eine alte Landkarte. „Obwohl der Palast nur ein einziges Haus ist, hat er 953 wunderschöne Gitterfenster und Erker, aus denen früher die Palastdamen des Maharadschas herausgeschaut haben. Es ist eigentlich ein Haus nur aus Fenstern."

○→ Ist die Geschichte wahr oder unwahr?

Der tiefste Punkt

„Normalerweise", erklärt Käpt'n Blaubär, „liegt Land über dem Wasserspiegel, denn sonst würde es ja vom Meer überschwemmt werden. Aber in Ostfriesland ist das anders. Dort gibt es ein Dorf namens Freepsum, und das liegt 2,30 Meter unter dem Meeresspiegel und ist der tiefste Punkt Deutschlands. Moin."

 Ist die Geschichte wahr oder unwahr?

Der kälteste Ort

„Wenn ihr denkt", meint Käpt'n Blaubär zu seinen drei Enkeln, „daß es bei uns im Winter besonders kalt ist, dann irrt ihr euch. Was sind schon minus 10 oder 20 Grad im Vergleich zu minus 68 Grad, denn so kalt wird es am Nordpol. Da friert selbst der Tee in der Tasse ein."

 Ist die Geschichte wahr oder unwahr?

Der Vogel Greif

„Es war auf meiner vorletzten Fahrt zu den Lemuren-Inseln", erzählt Käpt'n Blaubär seinen Enkeln, „da hab ich ihn das erste und das letzte Mal gesehen, den berühmten Vogel Greif. Ja, da staunt ihr, aber es ist wirklich wahr. Manche dachten schon, dieser riesige Raubvogel wäre ausgestorben, aber auf den Lemuren-Inseln lebt er noch heute. Er ist unberechenbar und greift auch Menschen an."

○→ Ist die Geschichte wahr oder unwahr?

Der Goldfasan

„Also, der wertvollste Vogel, laßt mich mal nachdenken", grübelt Käpt'n Blaubär, „der wertvollste Vogel ist natürlich der echte Goldfasan. Er lebt in den weiten Steppen Asiens und ist nur sehr schwer zu fangen. Und er ist so wertvoll, weil er winzig kleine Goldkörnchen vom Boden pickt und seine goldenen Federn daher etwas Gold enthalten. Darum heißt er ja auch Goldfasan", weiß Käpt'n Blaubär.
o—► Ist die Geschichte wahr oder unwahr?

Der schnelle Vogel

„Na klar gibt's fliegende Fische", sagt Käpt'n Blaubär, „und sie können 55 Stundenkilometer schnell fliegen. Doch der Wanderfalke ist noch viel schneller, er schafft 350 Stundenkilometer, schneller als viele Rennwagen. Nicht einmal mit meinem superschnellen Schiff konnte ich jemals einen Wanderfalken einholen."
o—► Ist die Geschichte wahr oder unwahr?

Der **Riesenfrosch**

„Kinders, laßt sofort den Frosch in Ruhe", schimpft Käpt'n Blaubär mit seinen Enkeln, „er hat euch nichts getan und ist viel kleiner als ihr. – Es gibt aber viel größere Frösche. Ich war mal tief im afrikanischen Urwald. Dort lebt der riesige Goliathfrosch, der größte Frosch der Welt. Er wird über drei Kilogramm schwer und ist mit ausgestreckten Beinen über 80 Zentimeter lang."

⊶ Ist die Geschichte wahr oder unwahr?

Die Gemeine Bohrmuschel

„Wir Seefahrer fürchten nicht nur gefährliche Klippen, Seenebel und tosende Orkane", berichtet Käpt'n Blaubär seinen drei aufmerksamen Enkeln, „sondern auch ein kleines, aber gefährliches Tier, nämlich die Gemeine Bohrmuschel. Diese Muschel bohrt mit ihren 14000 kleine Raspelzähnen Löcher in Schiffe aus Holz. Und plötzlich, wenn man gerade nichts Böses ahnt, hat man ein Leck."

o→ Ist die Geschichte wahr oder unwahr?

Der Riesenkrake

„In der tiefen Tiefsee", weiß Käpt'n Blaubär, „da leben die Riesenkraken. Sie werden über 20 Meter lang und haben an ihren acht Fangarmen Saugnäpfe, die groß sind wie die Teller aus meiner Kombüse. Ihr Maul ist ein großer Schnabel, der aussieht wie der Schnabel von einem Papagei. Nur sprechen", schmunzelt Käpt'n Blaubär, „können sie damit nicht."

o→ Ist die Geschichte wahr oder unwahr?

Die Giftschlange

„Paßt auf, wenn ihr ins Moor geht", warnt Käpt'n Blaubär, „denn im Moor, da gibt's gefährliche Giftschlangen. In Ostfriesland geht lieber gar nicht erst ins Moor, denn dort lebt in sumpfigen Tümpeln die Grüne Moorviper, die giftigste Schlange Deutschlands. Ihr Biß tötet jeden Menschen in wenigen Stunden. Ich habe euch gewarnt."

○→ Ist die Geschichte wahr oder unwahr?

Der Riesenwurm

„Fische angelt man am besten mit Regenwürmern", erklärt Käpt'n Blaubär seinen drei Enkeln, „aber das geht nicht immer so einfach wie bei uns. In Australien zum Beispiel gibt es einen Riesenwurm, der wird über zwei Meter lang, mit dem kann man nicht angeln", lacht Käpt'n Blaubär, „denn der paßt auf keinen Angelhaken."
○→ Ist die Geschichte wahr oder unwahr?

Das Riesenkrokodil vom Amazonas

„So 'n Zoo ist 'ne tolle Sache", meint Käpt'n Blaubär zu seinen Enkeln, „besonders die Krokodile find ich gut. Früher, vor Millionen von Jahren, da gab's ja noch viel größere als heute. Am Amazonas hat ein Riesenkrokodil gelebt, das war zwölf Meter lang und schwerer als zehn Autos. Tja, früher war eben alles größer."
○→ Ist die Geschichte wahr oder unwahr?

Die Saurier von der Dracheninsel

„Nein, nicht alle Saurier sind damals vor 60 Millionen Jahren ausgestorben", erklärt der Käpt'n seinen neugierigen Enkeln, „denn einige wenige Nachfahren der Dinosaurier leben noch heut auf der Insel Komodo, die zu den Kleinen Sundainseln in Indonesien gehört. Diese Riesenechsen heißen Warane, werden vier Meter lang und 150 Jahre alt. Tja, daher heißt die Insel auch ‚Dracheninsel'."

   ⚬━▸   Ist die Geschichte wahr oder unwahr?

Der Seehase

„Nein, da habt ihr recht", sagt Käpt'n Blaubär zu seinen Enkeln, „Hasen legen keine Eier, jedenfalls nicht an Land. Aber im Meer schon, denn da lebt der Seehase, eine große Schnecke, die aussieht wie ein Hase. Und der Seehase legt Eier, manchmal sogar eine Million am Tag. Ihr könnt mir glauben, denn ich bin Eierfachmann."

   ⚬━▸   Ist die Geschichte wahr oder unwahr?

Das größte Auge

„Klar, Maulwürfe sehen sehr schlecht", sagt Käpt'n Blaubär, „und Eulen sehen sehr gut. Auch wir Menschen sehen gut. Aber das größte Auge, das es in der Natur gibt, das hat der Krake, der Riesentintenfisch. Sein Auge hat einen Durchmesser von 40 Zentimetern, es ist also noch größer als eine Langspielplatte. Ich hab's selbst gesehen, Auge in Auge."

⊶ Ist die Geschichte wahr oder unwahr?

Der Seeaal

„Heute abend gibt's frischen Brataal", schwärmt Käpt'n Blaubär, „das wird vielleicht lecker, sag ich euch. Zum Glück sind's nur Flußaale", lacht der Käpt'n, „denn es gibt ja auch Seeaale, und ein richtiger Seeaal paßt in keine Pfanne, denn der wird drei Meter lang und dick wie ein Arm. Und außerdem sind Seeaale auch sehr gefährlich."

⊶ Ist die Geschichte wahr oder unwahr?

Die Riesenseekuh

„Nicht nur an Land, auch im Wasser leben Kühe", erklärt Käpt'n Blaubär, „nämlich die Seekühe. Auf diese harmlosen Tiere trifft man manchmal vor der australischen Küste. Früher, zu meines Großvaters Zeiten, gab es noch die über zehn Meter langen Riesenseekühe. Doch leider wurden diese größten Kühe der Welt 1768 von üblen Walfängern ausgerottet."

o→ Ist die Geschichte wahr oder unwahr?

Die größten Spinnennetze

„Bei uns", erklärt Käpt'n Blaubär seinen Enkeln, „da bauen die Spinnen nur sehr kleine Netze. Aber in Südamerika leben die großen Vogelspinnen, und die bauen natürlich riesige Netze, mit denen sie sogar kleine Vögel fangen. Diese Netze werden bis zu fünf Meter groß, und man ärgert sich, wenn man aus Versehen in eins hineinläuft, denn die Fäden kleben scheußlich."

o→ Ist die Geschichte wahr oder unwahr?

Elefanten als Haustiere

„Klar, Katzen und Hunde sind Haustiere", erklärt Käpt'n Blaubär, „Goldfische und Pferde, Kühe und Schweine, Enten und Gänse, manchmal auch Papageien. In Thailand und Indien werden sogar Elefanten als Haustiere gehalten. Sie müssen bei einem Elefantenführer in die Lehre gehen und arbeiten dann meistens in den Wäldern, wo sie den Holzfällern helfen."

○→ Ist die Geschichte wahr oder unwahr?

Die Tiger von Eschnapur

„Die größten und gefährlichsten Tiger leben in Eschnapur", erzählt Käpt'n Blaubär, „einem Königreich, das zwischen Bengalen, Indien und Siam liegt. In keinem Land gibt es so viele Tiger wie in Eschnapur, denn dort wächst der Bambus besonders gut. Und den brauchen die Tiger, um sich zu verstecken und auf Beute zu lauern. Forscher glauben, daß es über 50 000 Tiger in Eschnapur gibt."

○→ Ist die Geschichte wahr oder unwahr?

Koalabären trinken nie

„In Australien leben nicht nur Känguruhs", erklärt Käpt'n Blaubär, „sondern auch der weltbekannte Koalabär, das Vorbild für den Teddybären. Und das Besondere an diesem Bären ist, daß er niemals etwas trinkt. Koalabären sind eben ganz anders als Blaubären", lacht der Käpt'n.

○→ Ist die Geschichte wahr oder unwahr?

Die Termitenburg

„Früher nannte man sie ‚Weiße Ameisen', doch mit Ameisen haben die Termiten eigentlich wenig gemein", erklärt Käpt'n Blaubär. „Sie bauen in tropischen Ländern riesige Burgen aus einem Brei aus Holz und Spucke, der hart wie Beton wird. Andere Tiere haben fast keine Chance, eine solche Termitenburg zu erobern, denn oft ist sie vier Meter hoch."

⚬→ Ist die Geschichte wahr oder unwahr?

Das Schnabeltier

„In Australien", erzählt Käpt'n Blaubär, „da lebt an unzugänglichen Flußufern das Schnabeltier. Obwohl es ein Säugetier ist, legt es Eier und hat einen großen Schnabel. Ich habe es mit meinen eigenen Augen gesehen", sagt Käpt'n Blaubär. „Es sieht aus wie eine Ente auf vier Beinen mit einem braunen Fell."

⚬→ Ist die Geschichte wahr oder unwahr?

Das Quagga

„Richtig, Zebras haben ein weißes Fell mit schwarzen Streifen", bestätigt der Käpt'n seinen Enkeln, „aber es gab auch mal eine Sorte Zebras, die war nicht weiß, sondern fast rot, und hatte nur am Hals schwarze Streifen. Dieses Zebra hieß ‚Quagga' und wurde vor etwa 100 Jahren von weißen Siedlern in Südafrika einfach abgeschossen. Und daher gibt's keine Quaggas mehr, leider."
o→ Ist die Geschichte wahr oder unwahr?

Die Wisente von Polen

„Auch in Europa gab es früher viele wilde Tiere", weiß Käpt'n Blaubär, „aber die meisten wurden leider ausgerottet. Auch das Wisent, eine Art Büffel, der über zwei Meter groß wird, wäre fast ausgestorben. Doch die Polen haben die letzten Tiere gerettet. Und jetzt gibt es wieder über 1000 dieser riesigen Wisente."
o→ Ist die Geschichte wahr oder unwahr?

Der steinfressende Biber

„Klar, Biber können mit ihren Dämmen ganze Flüsse stauen", erklärt Käpt'n Blaubär, „sie fällen einfach ein paar Bäume mit ihren scharfen Zähnen. Nur der amerikanische Biber, der baut seine Dämme aus Steinen, denn seine Zähne sind so scharf, daß er Steine zerbeißen und sogar fressen kann. Daher nennt man ihn auch häufig ‚Steinbiber'."

    Ist die Geschichte wahr oder unwahr?

Die Taubenmilch

„Das ist richtig", lobt Käpt'n Blaubär seine drei Enkel, „die Säugetiere haben ihren Namen daher, weil sie ihre Jungen mit Milch säugen, damit sie groß werden. Manchmal machen das aber auch Tiere, die gar keine Säugetiere sind, zum Beispiel die Tauben. Sie ernähren ihre Küken mit Milch, die sie im Kropf bilden. Tja, auch Tauben geben Milch."

    Ist die Geschichte wahr oder unwahr?

Blauwalmilch

„Milch ist gesund", sagt Käpt'n Blaubär zu seinen Enkeln, „also müßt ihr jeden Morgen ein Glas trinken. Davon wird man groß und stark. Denkt mal an die Blauwale. Ein Blauwalbaby bekommt jeden Tag von seiner Mutter 500 Liter Milch. Jeden Tag wächst es um fünf Zentimeter und wird schließlich das größte Tier der Welt."

o→ Ist die Geschichte wahr oder unwahr?

Blaue Milch

„Trinkt brav eure Milch", sagt Käpt'n Blaubär zu seinen Enkeln, „damit ihr so groß und blau werdet wie ich. Dabei ist Milch ja weiß. Klar, Kuhmilch ist weiß. Aber es gibt auch Säugetiere, die geben blaue Milch. Der Blauwal zum Beispiel, der gibt dunkelblaue Milch, darum heißt er ja auch Blauwal."

○→ Ist die Geschichte wahr oder unwahr?

Der Schrei des Wals

„Jetzt hört aber mal auf zu schreien", mahnt Käpt'n Blaubär seine Enkel, „das hält ja kein Stockfisch aus! Und so laut wie die Wale könnt ihr sowieso nicht schreien. Ja, Wale schreien unter Wasser, das könnt ihr mir glauben, und zwar so laut, daß man die Schreie 850 Kilometer weit hören kann. Tja, das schafft ihr nie", lacht Käpt'n Blaubär.

○→ Ist die Geschichte wahr oder unwahr?

Der versteinerte Wald

„Na, war das ein Waldspaziergang", meint Käpt'n Blaubär zu seinen Enkeln. „Und so viele alte Bäume. Dabei fällt mir ein, ich hab schon viel ältere Bäume gesehen, nämlich auf der griechischen Insel Lesbos. Dort steht der berühmte versteinerte Wald mit bis zu acht Meter dicken Bäumen, die vor Millionen von Jahren nach einem Vulkanausbruch versteinert sind. Das sind echt alte Bäume."

→ Ist die Geschichte wahr oder unwahr?

Die Riesenbäume

„Hier riecht's aber gut", meint Käpt'n Blaubär, „nach Eukalyptus. Gut gegen Erkältungen. Die Eukalyptusbäume wachsen übrigens in Australien, wo man die Blätter und Samen erntet. Diese Bäume werden über 100 Meter groß, so hoch wie der Turm vom Hamburger Rathaus. Nur riechen sie viel besser", lacht der Käpt'n.

○→ Ist die Geschichte wahr oder unwahr?

Die Baumwollernte

„Ja, da habt ihr recht", sagt Käpt'n Blaubär zu seinen drei Enkeln, „meine blaue Hose ist aus Baumwolle. Und diese Baumwolle wächst in Amerika an großen Bäumen, den Baumwollbäumen. Jeden Herbst werden in den Baumwollwäldern die Bäume mit großen Leitern bestiegen, um die Baumwolle zu ernten. Die weißeste und beste Baumwolle wächst ganz oben in den Baumkronen", erklärt Käpt'n Blaubär.

▸ Ist die Geschichte wahr oder unwahr?

Die Zitrulle

„Was, ihr habt noch nie 'ne Zitrulle gegessen?" sagt Käpt'n Blaubär. „Das darf ja wohl nicht wahr sein! In Fezzan in Libyen wachsen die Zitrullen auf dem Boden der Wüste. Sie sind gelb und sehen aus wie große Zitronen, dabei sind sie eher eine Art Wassermelone. Die Menschen in Libyen schätzen sie sogar als Heilmittel. So, und jetzt greift zu."

▸ Ist die Geschichte wahr oder unwahr?

Der Meerrettich

„Meerrettich ist etwas Feines", sagt der Käpt'n und macht ein vornehmes Gesicht, „besonders zu geräuchertem Lachs schmeckt Meerrettich vorzüglich. Ja, früher, da wuchs der Meerrettich nur im Meer, daher kommt ja auch sein Name. Erst seit etwa 200 Jahren kann man den Meerrettich auch in jedem gewöhnlichen Garten anpflanzen. Eigentlich müßte er also längst Landrettich heißen und nicht Meerrettich."

⊶ Ist die Geschichte wahr oder unwahr?

Die schönsten Nelken

„Die schönsten Blumen sind für mich die Seenelken", schwärmt Käpt'n Blaubär, „und natürlich die Seeanemonen. So schöne Blumen gibt's in keinem Garten an Land. Aber man muß leider sehr tief tauchen, um sie zu sehen oder zu pflücken. Ich hab's immer gewagt, denn die Landgewächse haben mir nie so gefallen."

⊶ Ist die Geschichte wahr oder unwahr?

Die kleinen Pilzzüchter

„Wenn man Pilze essen will", erklärt der Käpt'n seinen Enkeln, „dann muß man nicht immer in den Wald gehen und welche suchen, man kann sie auch im Keller züchten. Und das machen nicht nur die Menschen, sondern auch die Ameisen. Ja, es gibt wirklich Ameisen, die sich nur von den Pilzen ernähren, die sie in ihrer Ameisenburg züchten."

⊶ Ist die Geschichte wahr oder unwahr?

Fata Morgana auf dem Meer

„Stimmt", sagt Käpt'n Blaubär zu seinen Enkeln, „in der Wüste sieht man manchmal eine Fata Morgana, das ist eine Luftspiegelung, bei der man Städte oder Oasen ganz nah sehen kann, obwohl sie ganz weit weg sind. Doch ob ihr's glaubt oder nicht, auch auf dem Meer kann man eine Fata Morgana sehen. In Schottland hab ich mal einen Berg gesehen, der eigentlich auf Island liegt."

o→ Ist die Geschichte wahr oder unwahr?

Glühendheißer Wüstensand

„Schon wieder so 'n heißer Tag", stöhnt Käpt'n Blaubär, „das ist ja fast wie in der Wüste. Nee, so heiß nun wieder doch nicht, denn in der Sahara kann man barfuß gar nicht laufen, weil der Sand 75 Grad Celsius heiß wird. Tja, unglaublich, aber wahr. Wenn ich nur daran denke, krieg ich Brandblasen", jammert Käpt'n Blaubär.

o→ Ist die Geschichte wahr oder unwahr?

Das Elmsfeuer

„Natürlich gibt es das Elmsfeuer", flüstert Käpt'n Blaubär, „auch an meinem Schiff war es oft zu sehen. Bei einem ganz bestimmten Wetter, meistens bei Sturm und Gewitter, fangen die Masten von Schiffen an, geheimnisvoll zu leuchten. Tja, und das nennen wir Seefahrer das Elmsfeuer. Manchmal sieht es sogar so aus, als würde das ganze Schiff richtig glühen."

⊶ Ist die Geschichte wahr oder unwahr?

Das Polarlicht

„Und ob ich den Nordpol kenne", sagt der Käpt'n zu seinen Enkeln, „und natürlich auch das Polarlicht. Bei sternenklarer Nacht scheint dann plötzlich der Himmel zu leuchten. Rotes, gelbes und grünes Licht flackert plötzlich auf. Das ist wunderschön. Man muß es einfach mal gesehen haben. Ich glaube, das machen die Sonnenstrahlen."

⊶ Ist die Geschichte wahr oder unwahr?

Eisberge in Sicht!

„Eisberge sind gefährlich für alle Schiffe", mahnt Käpt'n Blaubär, „auch der Luxusdampfer ‚Titanic' ist damals gesunken, weil er einen Eisberg gerammt hat. Und das Gefährliche und Heimtückische an den Eisbergen ist, daß nur ganz wenig Eis aus dem Wasser schaut. Denn das meiste von so einem Eisberg ist unter dem Wasser, wo man es nicht sehen kann. Ja, unter Wasser sind Eisberge riesig groß."

o→ Ist die Geschichte wahr oder unwahr?

Der Nordpol

„Nein, da irrt ihr euch, die Arktis, also der Nordpol, ist kein Erdteil, sondern besteht nur aus Eis", erklärt Käpt'n Blaubär, „am Nordpol ist nur schwimmendes Packeis, unter dem man sogar mit einem Unterseeboot durchfahren kann. Es hat auch keinen Zweck, eine Fahne am Nordpol aufzustellen, denn sie würde mit dem Eis langsam wegtreiben", lacht der Käpt'n.

o→ Ist die Geschichte wahr oder unwahr?

Die längste Nacht der Welt

„Nein, nein", sagt Käpt'n Blaubär, „bei uns sind die Nächte gar nicht so lang, wie ihr meint. Im hohen Norden zum Beispiel, in Alaska oder in Finnland, da geht im Winter zwei Monate lang die Sonne nicht auf. Und diese zwei Monate lange Nacht, die heißt Polarnacht. Tja, die dauert lange, ich hab's erlebt."

⊸ Ist die Geschichte wahr oder unwahr?

Der Meteor

„Und ob", bemerkt Käpt'n Blaubär, „jederzeit kann ein riesiger Meteor aus dem Weltall auf die Erde stürzen. Das ist sogar schon öfter vorgekommen. Manche Forscher meinen, daß der Golf von Mexiko oder andere Meere durch Meteore entstanden sind oder daß damals die Saurier ausgestorben sind, weil ein Meteor die Erde getroffen und verwüstet hat. Und das glaub ich auch."
   ⚬⇢ Ist die Geschichte wahr oder unwahr?

Sternschnuppen

„Kinders, da am Himmel, lauter Sternschnuppen", ruft Käpt'n Blaubär seinen Enkeln zu, „sind die nicht schön? Wißt ihr, wie die entstehen? Ich werd's euch erklären. Es gibt große und kleine Sterne im Weltraum. Die kleinsten sind nur so groß wie ein Reiskorn, und die fallen manchmal auf die Erde. Das sind eben die Sternschnuppen."
   ⚬⇢ Ist die Geschichte wahr oder unwahr?

Die Riesensonne

„Mann, heute ist es aber wieder heiß", stöhnt Käpt'n Blaubär und zieht seinen Pullover aus, „dabei ist unsere Sonne gar nicht so groß. Im Sternbild des Orion gibt es einen Stern, der Beteigeuze heißt, der ist 500mal so groß wie unsere Sonne. Den kann jeder am Himmel sehen. Zum Glück ist der weit weg, denn sonst wär's heute noch heißer."

○→ Ist die Geschichte wahr oder unwahr?

Sonnenflecken

„Schon wieder ein Fleck auf meinem weißen Hemd", stöhnt Käpt'n Blaubär, „dabei hab ich es erst letztes Jahr gewaschen. Na ja, macht nichts, auch die Sonne hat ja manchmal dunkle Flecken, weil sie hier und da etwas abkühlt. Oft hat sie sogar über 200 Flecken und sieht richtig ungepflegt aus. Mein Hemd hat aber nur fünf Flecken. Also, was soll's."

    Ist die Geschichte wahr oder unwahr?

Sonnenfinsternis

„Bei einer Sonnenfinsternis schiebt sich der Mond am Tage so vor die Sonne, daß er die Sonne völlig abdeckt und es dunkel wird", flüstert Käpt'n Blaubär, „und das kommt alle paar Jahrzehnte einmal vor. Ich habe im Hafen von Rangun mal eine Sonnenfinsternis erlebt, die hat fast drei Tage gedauert. Tja, damals haben viele Menschen gedacht, daß die Welt untergeht."

    Ist die Geschichte wahr oder unwahr?

Die Explosion des Krakatau

„Vulkane sind unberechenbar", erzählt Käpt'n Blaubär, „ich weiß es, denn ich war mal auf der Insel Krakatau, besser gesagt auf dem Rest dieser Insel. Denn am 28. 8. 1883 ist die 1000 Meter hohe Insel bei einem Vulkanausbruch in die Luft geflogen und fast ganz untergegangen. Es war der schwerste Vulkanausbruch der Geschichte. Auf der halben Welt hat es damals Asche geregnet. So sind Vulkane."

o—► Ist die Geschichte wahr oder unwahr?

Der schwarze Regen von Java

„So 'n Schiet, es regnet schon wieder", klagt Käpt'n Blaubär, „aber wenigstens ist der Regen klar und sauber. Denn auf der Insel Java im Indischen Ozean, da ist der Regen immer schwarz. Das kommt von den 121 Vulkanen, die auf der Insel ständig schwarze Asche in die Luft schleudern. Und die Asche färbt dann den Regen schwarz."

o—► Ist die Geschichte wahr oder unwahr?

57

Der Goldschatz

„Natürlich gibt es noch viele Goldschätze auf der Welt", bekräftigt Käpt'n Blaubär, „das meiste Gold befindet sich jedoch aufgelöst im Wasser der Meere. In einem 500 Meter langen, 500 Meter breiten und 500 Meter tiefen Wasserbecken befindet sich zum Beispiel Gold im Wert von elf Millionen Mark, das könnt ihr mir glauben", sagt Käpt'n Blaubär.

○─► Ist die Geschichte wahr oder unwahr?

Farbige Diamanten

„Diamanten sind die wertvollsten Edelsteine der Welt", erklärt Käpt'n Blaubär seinen drei Enkeln. „Und sie sind farblos, also durchsichtig. Manchmal aber werden auch Diamanten gefunden, die rot, gelb oder blau sind. Doch, doch, es gibt blaue Diamanten. Ich weiß es", sagt Käpt'n Blaubär, „denn ich bin ja selber blau."
◦—▶ Ist die Geschichte wahr oder unwahr?

Der Riesendiamant

„Diamanten werden nur an ganz bestimmten Plätzen in der Welt gefunden", erklärt Käpt'n Blaubär. „Der größte Diamant der Welt wurde 1888 auf einer Sandbank vor Helgoland gefunden. Der wunderschöne Edelstein mit seinem geheimnisvollen violetten Schimmer wiegt fast zwei Kilo. Wenn ihr wollt, könnt ihr ihn in der Schatzkammer der Königin von England bestaunen. Ich habe ihn dort schon oft bewundert", schwärmt Käpt'n Blaubär.
◦—▶ Ist die Geschichte wahr oder unwahr?

Das heimtückische Pfeilgift

„Ja, da hat euer Lehrer recht", bemerkt Käpt'n Blaubär, „viele Indianerstämme benutzen Giftpfeile, um Tiere oder ihre Feinde zu töten. Besonders heimtückisch ist das Pfeilgift Curcuma, das aus einer Pflanze namens ‚Gelbwurzel' gemacht wird. Und in dieses gelbe Pfeilgift tauchen dann die Indianer ihre Pfeile. Na, hat das euer Lehrer auch gewußt?"

○→ Ist die Geschichte wahr oder unwahr?

Die Perlentaucher von Bali

„Die schönsten Perlen stammen von der Insel Bali", schwärmt Käpt'n Blaubär, „denn die balinesischen Perlentaucher können besonders tief tauchen. Ohne Tauchgeräte schaffen sie eine Tiefe von über 100 Metern und suchen auf dem Meeresgrund die seltene Herzmuschel, denn in ihr findet man die schönsten Perlen."

○→ Ist die Geschichte wahr oder unwahr?

Die Felsenspringer von Acapulco

„Mexiko ist ein schönes Land", schwärmt Käpt'n Blaubär, „in Mexiko bin ich immer gern von Bord gegangen, besonders in Acapulco, einer kleinen Hafenstadt. Dort kann man die wagemutigen Felsenspringer bewundern, die für ein bißchen Geld von einer 40 Meter hohen Klippe ins Meer springen. Und das macht diesen tollen Kerls auch noch Spaß!"

○—▶ Ist die Geschichte wahr oder unwahr?

Die portugiesischen Tangfischer

„Nein, nicht alle Fischer fangen Fische oder andere Meerestiere", erklärt Käpt'n Blaubär, „es gibt auch Fischer, die fangen Seetang, also diese langen braunen Pflanzen, die im Meer wachsen. Zum Beispiel die portugiesischen Tangfischer. Und was machen sie mit dem Tang? Sie verkaufen ihn an die Bauern, die damit ihre Felder düngen. Petri Heil!"

○—▶ Ist die Geschichte wahr oder unwahr?

Die irischen Geysire

„Wo es die größten Geysire gibt, wollt ihr wissen?" antwortet der Käpt'n seinen Enkeln. „In Irland natürlich. Überall kann man dort die berühmten heißen Quellen bewundern, die ihr kochendes Wasser meterhoch in die Luft spucken. Und eben darum nennen die Seefahrer Irland auch ‚Die Insel der Geysire'. Tja, die Iren haben immer kochendes Wasser."

o→ Ist die Geschichte wahr oder unwahr?

Der Dudelsack

„Na klar kann ich Dudelsack spielen", lacht Käpt'n Blaubär, „was denkt ihr denn?! Schließlich kenn ich mich in Schottland aus. Und die Schotten haben ja auch den Dudelsack erfunden, allerdings erst etwa vor 180 Jahren, denn die Schotten sind geizig im Erfinden."

o→ Ist die Geschichte wahr oder unwahr?

Kunstfurzen

„Waren das noch Zeiten", erinnert sich Käpt'n Blaubär, „als ich noch jeden zweiten oder sechzehnten Abend ins Varieté gegangen bin. Am besten hat mir immer der Kunstfurzer gefallen, der verschiedene Melodien furzen konnte. Waren das schöne Zeiten", meint Käpt'n Blaubär, „als es noch Kunstfurzer gab!"
○→ Ist die Geschichte wahr oder unwahr?

Kuhfladen-Weitwurf

„Die Engländer", erzählt Käpt'n Blaubär, „sind sportliche Leute. Und weil ihnen die üblichen Sportarten nicht ausreichen, haben sie eben ganz neue erfunden. So zum Beispiel den Kuhfladen-Weitwurf, eine tolle Sportart, in der sogar eine richtige Meisterschaft ausgetragen wird. Manche meinen allerdings, daß Kuhfladen-Weitwurf großer Mist ist. Aber ich find's toll."
○→ Ist die Geschichte wahr oder unwahr?

Tauziehen

„Ja, früher", lacht Käpt'n Blaubär, „früher war alles ganz anders als heute. So wurden bei den Olympischen Spielen im Jahre 1900 in Paris nicht nur Wettkämpfe im Hochsprung und 100-Meter-Lauf ausgetragen, sondern auch im beidarmigen Kugelstoßen und im Tauziehen, worüber sich die Seeleute natürlich besonders gefreut haben."

Ist die Geschichte wahr oder unwahr?

Sprachen

„Wie viele Sprachen auf der Welt gesprochen werden? Na ja", meint Käpt'n Blaubär, „wenn man die Sprachen der Tiere nicht mitrechnet, sondern nur die Sprachen der Menschen zählt, dann gibt es etwa 10000 verschiedene Sprachen. Ich muß es wissen", sagt Käpt'n Blaubär, „denn ich bin weit rumgekommen in der Welt."

○→ Ist die Geschichte wahr oder unwahr?

Die gute Schwalbennestersuppe

„In fernen Ländern," berichtet Käpt'n Blaubär, „ißt man oft sehr sonderbare und ungewöhnliche Speisen. Da gibt's keine Hamburger mit Pommes und Mayo! In China wird zum Beispiel aus Schwalbennestern eine leckere Suppe gekocht, die ich immer besonders gern in Shanghai gegessen habe. Tja, die gute Schwalbennestersuppe", schwärmt Käpt'n Blaubär.

○→ Ist die Geschichte wahr oder unwahr?

Der echte Ostfriesentee

„Natürlich ist Tee für mich ein Thema", sagt Käpt'n Blaubär, „denn alle Seefahrer trinken gerne Tee. Am liebsten natürlich den echten Ostfriesentee, der in Ostfriesland vor dem Deich geerntet wird. Wenn ich früher mal in Emden oder Greetsiel an Land gegangen bin, hab ich mir immer eine große Tüte mit frischem Ostfriesentee mitgenommen."

○→ Ist die Geschichte wahr oder unwahr?

Tausendjährige Eier

„Auf zum Frühstück", ruft Käpt'n Blaubär seinen Enkeln zu, „es gibt frische Eier, die ich so lange gekocht habe, bis sie endlich weich waren. Die Chinesen, die kochen die Eier nicht, sondern vergraben sie nach einem geheimnisvollen Rezept, um sie nach langer Zeit wieder auszugraben und zu essen. Die Chinesen nennen sie ‚Tausendjährige Eier'."

○→ Ist die Geschichte wahr oder unwahr?

Schneckeneier

„Wir Seeleute essen am liebsten Labskaus", meint Käpt'n Blaubär, „aber so 'n richtiger Feinschmecker, der ißt Kaviar, Pommes frites und sogar Blüten. Eine ganz besondere Delikatesse sind jedoch Schneckeneier, die selten und sehr teuer sind. Aber so 'n richtiger Feinschmecker, der hat auch meist 'ne Menge Geld."

o—► Ist die Geschichte wahr oder unwahr?

Der Schneemensch

„Natürlich gibt es den Schneemenschen", sagt Käpt'n Blaubär und nickt heftig mit seinem Kopf, „was denkt ihr denn! Man weiß ja von ihm, weil einige Bergsteiger, die sich im Himalaja verirrt hatten, im Jahre 1799 zufällig einen gefangen hatten. Er war fast 2,50 Meter groß und hatte ein dichtes weißes Fell. Doch leider ist dieser Schneemensch den Bergsteigern wieder entkommen. Doch weiß man daher, daß es ihn tatsächlich gibt."

○─► Ist die Geschichte wahr oder unwahr?

Die Zyklopen

„Ja, genau", sagt Käpt'n Blaubär zu seinen Enkeln, „das ist richtig, viele Menschenrassen der Steinzeit sind damals ausgestorben. Die Neandertaler oder die sogenannten Pekingmenschen, und natürlich die Zyklopen. Die Zyklopen waren sehr große Menschen und hatten nur ein Auge in der Mitte ihrer Stirn. Sie haben in Höhlen gewohnt und Schafe gezüchtet."

○─► Ist die Geschichte wahr oder unwahr?

In den Pyramiden

„Ihr wart noch nie in einer ägyptischen Pyramide?" fragt verwundert Käpt'n Blaubär seine Enkel. „Na, ich war schon oft in einer drin. Wunderschön, sage ich euch, wunderschön. Ein goldener Saal nach dem anderen, denn in den Pyramiden haben vor 5000 Jahren die Pharaonen gewohnt. Es waren schließlich ihre Paläste, in denen sie von über 200 Menschen bedient und versorgt wurden."

○→ Ist die Geschichte wahr oder unwahr?

Das Geheimnis des Sphinx

„Natürlich kenn ich die Pyramiden in Ägypten", antwortet Käpt'n Blaubär seinen Enkeln, „und auch den Sphinx, der vor den Pyramiden steht. Und der Sphinx ist kein Fabeltier, sondern ihn gab es wirklich. Wie so viele Tiere wurde er im Laufe der Zeit ausgerottet, aber vor 4000 Jahren hat es ihn noch gegeben. Und die alten Ägypter haben ihm damals vor den Pyramiden ein Denkmal gesetzt."

○→ Ist die Geschichte wahr oder unwahr?

Der alte Teppich

„Da staunt ihr", freut sich Käpt'n Blaubär, „den Teppich hab ich aus Ägypten mitgebracht. Er ist unglaublich wertvoll und genauso alt, denn die alten Ägypter haben nämlich vor etwa 4000 Jahren das Teppichknüpfen erfunden. Habt ihr etwa gedacht, die haben bloß die Pyramiden gebaut?" lacht Käpt'n Blaubär und rollt seinen Teppich wieder ein.

◦―▶   Ist die Geschichte wahr oder unwahr?

Die Pyramiden vom Sudan

„Wenn ihr glaubt", sagt Käpt'n Blaubär, „daß die alten Ägypter ihre Pyramiden nur in Ägypten gebaut haben, dann irrt ihr euch. Ich hab's selbst gesehen, auch in anderen Ländern haben sie vor Jahrtausenden ihre spitzen Pyramiden aufgestellt, zum Beispiel im Sudan. Dabei hätten sie doch in Ägypten genug Platz gehabt."

◦―▶   Ist die Geschichte wahr oder unwahr?

Die größte Pyramide

„Aber nein", sagt Käpt'n Blaubär zu seinen Enkeln, „die größte Pyramide der Welt steht nicht in Ägypten, sondern in Mexiko und wurde von Indianern gebaut. Sie ist so groß, daß auf ihrer Spitze sogar noch eine Kirche Platz hat, die allerdings erst später dort oben gebaut worden ist. Ja, ja, auch die Indianer haben Pyramiden gebaut."

o→ Ist die Geschichte wahr oder unwahr?

Das Geheimnis des Suezkanals

„Na, was meint ihr denn", sagt Käpt'n Blaubär, „natürlich bin ich schon oft durch den Suezkanal gefahren. Seit 1869 gibt's diese prima Abkürzung schon. Aber wußtet ihr denn, daß der ägyptische Pharao Necho II. vor 2600 Jahren den ersten Suezkanal bauen ließ? Der Kanal ist später leider wieder versandet. Tja, da staunt ihr, was ich so alles weiß!"

    Ist die Geschichte wahr oder unwahr?

Das Geheimnis der Druiden

„Früher, als ich noch nicht auf der Welt war und ihr noch weniger", flüstert der Käpt'n, „da haben in Frankreich die Gallier gelebt. Und diese Gallier, manche sagen auch Kelten, die hatten mächtige Priester. Das waren die Druiden. Zaubertränke konnten die natürlich nicht brauen, aber sie haben auf großen Feldern riesige Steine aufgestellt, die Menhire. Was diese Steine genau bedeuten, das weiß bis heute kein Mensch."

    Ist die Geschichte wahr oder unwahr?

Das Geheimnis der Runensteine

„In Schweden, Dänemark und anderen Ländern des Nordens", erklärt Käpt'n Blaubär seinen neugierigen Enkeln, „da stehen an besonderen Plätzen die Runensteine. Vor über 1000 Jahren haben die Germanen diese Steine aufgestellt und geheimnisvolle Schriftzeichen eingemeißelt. Und diese Zeichen heißen Runen. Manche Menschen können noch heute diese Zeichen lesen und wissen auch, was sie bedeuten."

 Ist die Geschichte wahr oder unwahr?

Die chinesische Schrift

„Na, habt ihr eure Hausaufgaben schon gemacht?" fragt Käpt'n Blaubär seine Enkel. „Dann man los! Alle Mann an die Füller! Und seid froh, daß ihr nur die paar Buchstaben lernen müßt. Tja, andere Kinder haben es da nicht so leicht. Die Chinesen müssen zum Beispiel mehr als 200000 Schriftzeichen lernen, um richtig lesen und schreiben zu können."

 Ist die Geschichte wahr oder unwahr?

Dschingis-Khan in Ostfriesland

„Wer das größte Reich erobert hat, wollt ihr wissen?" antwortet Käpt'n Blaubär seinen Enkeln. „Dschingis-Khan natürlich, der berühmte Mongolenführer. Der hat im Jahre 1202 sogar mal Ostfriesland erobert. Und so reichte seine Macht von der Wüste Gobi bis nach Borkum. Tja, Dschingis-Khan war der größte Eroberer aller Zeiten."

    Ist die Geschichte wahr oder unwahr?

Das Gold der Alchimisten

„Im tiefen Mittelalter", flüstert Käpt'n Blaubär, „als es noch Burgen und Ritter gab, da lebten die Alchimisten. Das waren weise Männer, die mit den Elementen experimentiert haben. Und einem dieser unheimlichen Forscher ist es damals gelungen, aus Blei Gold zu machen. Dieser Mann hieß Opodeldok der Weise. Er hat Frankreich reich gemacht, aber sein Geheimnis leider nie verraten."

    Ist die Geschichte wahr oder unwahr?

Der Papst

„Tja, das ist lange her", grübelt Käpt'n Blaubär, „heute ist es natürlich ganz anders, aber früher waren die Päpste verheiratet und hatten Frau und Kinder. Manchmal wurde sogar der Sohn eines Papstes später selbst Papst. Tja, das ist lange her", grübelt Käpt'n Blaubär.

o—► Ist die Geschichte wahr oder unwahr?

Wie die Indianer nach Amerika kamen

„Früher", erklärt Käpt'n Blaubär, „sogar noch früher, da gab es in Amerika keine Menschen. Die Indianer sind nämlich erst viel später aus Asien dorthin eingewandert. Wie das möglich war? Ganz einfach: Zwischen Asien und Amerika gab es früher eine Landverbindung, und so konnten aus Sibirien Menschen zu Fuß nach Alaska laufen. Und das wurden die Indianer."

○→ Ist die Geschichte wahr oder unwahr?

Die Entdecker Amerikas

„Nein, ganz so war das nicht", meint Käpt'n Blaubär und schüttelt den Kopf. „Columbus hat nämlich gar nicht Amerika entdeckt, denn 500 Jahre vor ihm waren schon die Wikinger da. Der berühmte Seefahrer Leif Erikson war ihr Anführer. Tja, ich kenn mich eben aus in der Geschichte der Seefahrt."

o—► Ist die Geschichte wahr oder unwahr?

Der erste Panamakanal

„Ich kenne alle Kanäle, also auch den Panamakanal", erzählt der Käpt'n seinen Enkeln, „der den Atlantik mit dem Pazifik verbindet und 1914 eröffnet wurde. Aber wißt ihr denn auch, daß Montezuma, der berühmte Aztekenkönig, vor 1500 Jahren den ersten Panamakanal gegraben hat? Na klar, für die großen Schilfboote der Indianer, denn ihre Hauptstadt, Tenochtitlan, war eine schwimmende Stadt."

o—► Ist die Geschichte wahr oder unwahr?

Das Dampfauto

„Ja, heute, heute fahren fast alle Autos mit Benzin- oder Dieselmotoren", erklärt Käpt'n Blaubär, „aber als ich noch jung war, und ich war früher sogar sehr jung, da fuhren noch viele Autos mit Dampf, denn sie hatten als Motor eine Dampfmaschine, die man mit Kohlen heizen mußte. Diese Dampfautos waren sogar schneller als die Benzinautos."

Ist die Geschichte wahr oder unwahr?

Die Erfinderin des Benzins

„Wer das Auto erfunden hat? Das war Karl Benz, und zwar im Jahre 1885", erklärt Käpt'n Blaubär seinen fragenden Enkeln, „aber das Benzin, das hat Karl Benz nicht erfunden, sondern seine Frau Bertha Benz, nach der man das Benzin dann ja auch genannt hat. Tja, die Familie Benz war eben eine sehr schlaue Familie", meint Käpt'n Blaubär.

Ist die Geschichte wahr oder unwahr?

Der Zeppelin

„Nicht nur auf dem Meer", weiß Käpt'n Blaubär, „fahren Schiffe, manchmal fahren auch welche in der Luft, nämlich die Luftschiffe, ist doch klar. Die größten hat früher der Graf Zeppelin gebaut. Seine Luftschiffe waren sehr erfolgreich, denn sie konnten nicht nur in der Luft, sondern auch auf dem Wasser fahren."

o→ Ist die Geschichte wahr oder unwahr?

Käpt'n Blaubärs Lieblingsschallplatte

„Meine Lieblingsschallplatte ist natürlich ‚Blaubär, komm bald wieder' von Teddy Kwinn", sagt Käpt'n Blaubär und seufzt. „Hier ist die Platte, seht sie euch an, denn sie hat über 1000 Rillen; die meisten Schallplatten haben nämlich bloß etwa 350 Rillen auf jeder Seite, aber es gibt auch Platten mit über 1000 Rillen – wie diese."

○—▶ Ist die Geschichte wahr oder unwahr?

Die Schallplattenbriefmarke

„Das Königreich Bhutan", flüstert Käpt'n Blaubär, „das auch das Drachenreich genannt wird, ist eines der geheimnisvollsten Länder der Erde. Es gibt dort höchst sonderbare Dinge. Zum Beispiel Briefmarken, die ganz kleine Schallplatten sind. Wenn man sie vom Brief löst, kann man sie mit dem Plattenspieler abspielen und ein Lied hören."

○→ Ist die Geschichte wahr oder unwahr?

Der beste Bauchredner

„Na," sagt Käpt'n Blaubär zu seinen drei Enkeln, „da habt ihr aber Augen gemacht – und Ohren natürlich! Es gibt eben nur wenige gute Bauchredner, und der, den wir da gerade gesehen haben, ist wirklich der beste. Er hat nämlich ein besonders großes Bauchfell, denn ein echter Bauchredner spricht ja nicht mit seinem Bauch, sondern eigentlich mit seinem Bauchfell."

○→ Ist die Geschichte wahr oder unwahr?

Die längste Nadel

„Schon wieder ein Knopf ab", ärgert sich Käpt'n Blaubär, „und ich kann doch so schlecht Knöpfe annähen, weil die Nadeln immer so klein sind. Dabei gibt's doch so schöne große Nadeln. In England hab ich mal eine gesehen, die war genau 1,85 Meter lang, also so lang wie ein großer Mensch. Ja, und auch mit dieser langen Nadel wurden Knöpfe angenäht. Und genau so eine Nadel fehlt mir jetzt."

 ○—▸ Ist die Geschichte wahr oder unwahr?

Viereckige Seifenblasen

„Das ist ja der Wahnsinn", lacht Käpt'n Blaubär, „sind das schöne Seifenblasen, die ihr da gerade macht. Wirklich toll. Aber könnt ihr denn keine viereckigen Seifenblasen machen?" fragt der Käpt'n seine Enkel. „Denn das geht auch, das könnt ihr mir glauben, ich hab's selbst gesehen."

 ○—▸ Ist die Geschichte wahr oder unwahr?

Riesenseifenblase

„Ab in die Wanne, jetzt wird gebadet", sagt Käpt'n Blaubär und dreht den Wasserhahn auf. „So, und jetzt gibt's noch ordentlich Schaum. Dabei fällt mir ein, die größten Seifenblasen macht der berühmte Professor Bubbles in Amerika. Der macht so große Seifenblasen, daß ein erwachsener Mensch darin Platz hat. Tja, das sind noch saubere Leistungen."

o—▸ Ist die Geschichte wahr oder unwahr?

Die Billion

„Kein Mensch", versichert Käpt'n Blaubär seinen Enkeln, „kann bis eine Billion zählen. Und selbst wenn man den ganzen Tag, also 24 Stunden zählen würde, so bräuchte man etwa 32 000 Jahre, bis man bei einer Billion angelangt wäre. Ich hab's selbst versucht, als ich gestern kurz mal Zeit hatte, aber ich habe schon bei 188 aufgehört", sagt Käpt'n Blaubär und lacht.

o—▸ Ist die Geschichte wahr oder unwahr?

Die Monduhr

„Früher, eigentlich noch früher, hatten die Menschen keine Turmuhren oder Armbanduhren", erklärt Käpt'n Blaubär, „sondern große Sonnenuhren. Die Inkas in Südamerika hatten außer Sonnenuhren sogar Monduhren, die mit Mondlicht funktionierten. So wußten die Inkas Tag und Nacht, wie spät es war."

o—▶ Ist die Geschichte wahr oder unwahr?

Der Wasser-Mensch

„Mit dem Meer kenn ich mich aus", sagt Käpt'n Blaubär, „und auch mit dem Wasser, denn Seeleute sind Wasserexperten. Also glaubt mir, ein Mensch besteht zur Hälfte aus Wasser, sogar über die Hälfte seines Körpers ist Wasser. Wenn jemand 80 Kilo wiegt, dann hat er 49 Liter Wasser im Körper. Tja, der Mensch ist ein Wasser-Mensch."

Ist die Geschichte wahr oder unwahr?

Morgens groß, abends klein

„Wußtet ihr eigentlich", fragt Käpt'n Blaubär, „daß ein Mensch morgens ein paar Zentimeter länger ist als abends? Das liegt an den Bandscheiben, denn die geben tagsüber etwas nach. Nachts dehnen sie sich dann wieder. Darum stoße ich mir morgens oft den Kopf, denn morgens ist mir meine Koje immer ein Stück zu klein, obwohl abends noch alles gepaßt hat", jammert Käpt'n Blaubär.

    Ist die Geschichte wahr oder unwahr?

Die Riesenpygmäen

„Hab ich euch schon erzählt", fragt Käpt'n Blaubär, „daß ich mal bei den Riesenpygmäen am Kongo war? Na, die ganz normalen Pygmäen kennt ihr ja, die werden ja bloß 1,45 Meter groß. Aber am Kongo werden die Pygmäen über 2 Meter groß, daher heißen sie auch Riesenpygmäen. Häuptling Blauer Riese ist übrigens ein alter Freund von mir."

    Ist die Geschichte wahr oder unwahr?

Bei Sherlock Holmes

„Und ob ich Sherlock Holmes gekannt habe", sagt Käpt'n Blaubär, „und auch Dr. Watson natürlich, denn ich habe sie oft in der Bakerstreet in London besucht. Sie waren die größten Detektive der Welt, und sie haben wirklich gelebt. Ich weiß es genau, denn ich habe sie gut gekannt", versichert Käpt'n Blaubär seinen Enkeln.

o→ Ist die Geschichte wahr oder unwahr?

Lösungen

Seite 7 **Der Besanmast:** Wahr.
Steuerbord und Backbord: Wahr.

Seite 8 **Luv und Lee:** Unwahr. Luv ist die dem Wind zugekehrte Seite des Schiffes; Lee die dem Wind abgewandte.
Der Wassersammelraum: Wahr.

Seite 10 **Das Krähennest:** Wahr.
Die Meerschaumpfeife: Unwahr. Meerschaum ist ein Mineral, das in Bergwerken gewonnen wird.

Seite 11 **Der Erfinder des Fernrohrs:** Unwahr. Galileo Galilei hat 1609 das Fernrohr erfunden.

Seite 12 **Der beste Rum der Welt:** Unwahr. Rum wird aus Zuckerrohr gemacht.
Die Rum-Boje: Unwahr – frei erfunden.

Seite 13 **Das Feuerschiff:** Unwahr. Feuerschiffe sind verankerte Schiffe mit einem Leuchtturmaufbau.
Schiffe aus Stein: Unwahr.

Seite 14 **Die fliegenden Schiffe:** Wahr.
Windstärke 13: Unwahr. Mehr als Windstärke 12 gibt es nicht.

Seite 15 **Andere Sterne:** Wahr. Durch die Drehung der Erde um die Sonne sieht man im Winter andere Sterne als im Sommer.

Seite 16 **Die lange Anna:** Unwahr. Die Klippen sind nur 58 Meter hoch.
Die Insel Lappland: Unwahr. Grönland ist die größte Insel. Lappland ist keine Insel, sondern eine Landschaft.

Seite 17 **Das Geheimnis der Osterinsel:** Wahr.

Seite 18 **Die Insel der Edelsteine:** Wahr. Es handelt sich dabei um Sri Lanka.
Das Land Tuvalu: Wahr.

Seite 19 **Der Weiße und der Blaue Nil:** Wahr.
Das Land der 55000 Seen: Wahr. Das Land ist Finnland.

Seite 20 **Das Schwarze Meer:** Unwahr – frei erfunden.
Kap Hoorn: Unwahr. Kap Hoorn ist die südlichste Spitze von Südamerika. Käpt'n Blaubär meint das Kap der guten Hoffnung.

Seite 21 **Der Magnetberg:** Unwahr. Eine alte Seefahrerlegende.

Seite 22 **Der höchste Berg der Welt:** Wahr.

Seite 23	**Das Matterhorn:** Unwahr – frei erfunden.
	Das Geheimnis des Fudschijamas: Unwahr. Der letzte Ausbruch war 1707.
Seite 24	**Schwarzafrika:** Unwahr. „Schwarzafrika" nennt man den Teil Afrikas, der nicht von Arabern, sondern von Schwarzen bewohnt wird.
	Der wunderschöne Hafen von Kabul: Unwahr. Kabul liegt nicht am Meer.
Seite 25	**Istanbul:** Wahr.
Seite 26	**Der Zuckerhut von Rio:** Unwahr. Der Berg sieht nur aus wie ein riesiger Zuckerhut.
	Der Palast der Winde: Wahr.
Seite 27	**Der tiefste Punkt:** Wahr.
	Der kälteste Ort: Unwahr. Am Südpol wird es sogar minus 89,2 Grad Celsius kalt.
Seite 28	**Der Vogel Greif:** Unwahr. Der Vogel Greif ist eine alte Sagengestalt. Er wird halb wie ein Vogel und halb wie ein Löwe dargestellt.
Seite 29	**Der Goldfasan:** Unwahr – frei erfunden.
	Der schnelle Vogel: Wahr.
Seite 30	**Der Riesenfrosch:** Wahr.
Seite 31	**Die Gemeine Bohrmuschel:** Wahr.
	Der Riesenkrake: Wahr.
Seite 32	**Die Giftschlange:** Unwahr. Kreuzotter und Aspisviper sind die einzigen Giftschlangen in Deutschland.
Seite 33	**Der Riesenwurm:** Wahr. Der Wurm heißt „Megascolides australis".
	Das Riesenkrokodil vom Amazonas: Wahr.
Seite 34	**Die Saurier von der Dracheninsel:** Wahr.
	Der Seehase: Wahr.
Seite 35	**Das größte Auge:** Wahr.
Seite 36	**Der Seeaal:** Wahr.
Seite 37	**Die Riesenseekuh:** Leider wahr.
	Die größten Spinnennetze: Unwahr. Vogelspinnen bauen keine Netze.
Seite 38	**Elefanten als Haustiere:** Wahr.
	Die Tiger von Eschnapur: Unwahr – frei erfunden.
Seite 39	**Koalabären trinken nie:** Wahr. Die Flüssigkeit in der festen Nahrung reicht den Koalabären aus.
Seite 40	**Die Termitenburg:** Wahr.

Seite 40	**Das Schnabeltier:** Wahr.
Seite 41	**Das Quagga:** Leider wahr.
	Die Wisente von Polen: Wahr.
Seite 42	**Der steinfressende Biber:** Unwahr – frei erfunden.
	Die Taubenmilch: Wahr.
Seite 43	**Blauwalmilch:** Wahr.
Seite 44	**Blaue Milch:** Unwahr.
	Der Schrei des Wals: Wahr.
Seite 45	**Der versteinerte Wald:** Wahr. Bei Sigri auf der griechischen Insel Lesbos.
Seite 46	**Die Riesenbäume:** Wahr.
Seite 47	**Die Baumwollernte:** Unwahr. Baumwolle wächst an Sträuchern.
	Die Zitrulle: Wahr.
Seite 48	**Der Meerrettich:** Unwahr.
	Die schönsten Nelken: Unwahr. Seenelken und Seeanemonen sind keine Pflanzen, sondern Tiere.
Seite 49	**Die kleinen Pilzzüchter:** Wahr – z. B. die Blattschneiderameisen.
Seite 50	**Fata Morgana auf dem Meer:** Wahr.
	Glühendheißer Wüstensand: Wahr.
Seite 51	**Das Elmsfeuer:** Wahr. Dabei handelt es sich um eine Art Gasentladung.
	Das Polarlicht: Wahr.
Seite 52	**Eisberge in Sicht:** Wahr.
	Der Nordpol: Wahr.
Seite 53	**Die längste Nacht der Welt:** Wahr.
Seite 54	**Der Meteor:** Wahr.
	Sternschnuppen: Unwahr. Sternschnuppen sind sehr kleine Meteoriten, die in der Luft verglühen.
Seite 55	**Die Riesensonne:** Wahr.
Seite 56	**Sonnenflecken:** Wahr. 1957 hatte die Sonne 263 Flecken.
	Sonnenfinsternis: Unwahr. Eine Sonnenfinsternis kann höchstens sieben Minuten und 31 Sekunden dauern.
Seite 57	**Die Explosion des Krakatau:** Wahr.
	Der schwarze Regen von Java: Unwahr. Es gibt aber 121 Vulkane auf Java. 30 davon sind noch aktiv.
Seite 58	**Der Goldschatz:** Wahr. Es wäre zu teuer, das Gold aus dem Meerwasser zu gewinnen.
Seite 59	**Farbige Diamanten:** Wahr.

Seite 59	**Der Riesendiamant:**	Unwahr. Der größte Diamant wiegt 621,2 Gramm.
Seite 60	**Das heimtückische Pfeilgift:**	Unwahr. Curcuma ist ein Gewürz. Das gefürchtete Pfeilgift heißt Curare.
	Die Perlentaucher von Bali:	Unwahr. So tief können Menschen ohne Tauchgeräte nicht tauchen.
Seite 62	**Die Felsenspringer von Acapulco:**	Wahr.
	Die portugiesischen Tangfischer:	Wahr.
Seite 63	**Die irischen Geysire:**	Unwahr. Käpt'n Blaubär meint Island.
	Der Dudelsack:	Unwahr. Der Dudelsack wurde vor über 2000 Jahren in Asien erfunden.
Seite 64	**Kunstfurzen:**	Wahr.
	Kuhfladen-Weitwurf:	Wahr.
Seite 65	**Tauziehen:**	Wahr.
Seite 66	**Sprachen:**	Unwahr. Es gibt etwa 5000 Sprachen.
	Die gute Schwalbennestersuppe:	Wahr.
Seite 67	**Der echte Ostfriesentee:**	Unwahr. Ostfriesentee ist eine Mischung aus indischen Teesorten.
Seite 68	**Tausendjährige Eier:**	Wahr.
Seite 69	**Schneckeneier:**	Wahr.
Seite 70	**Der Schneemensch:**	Unwahr. Dies ist eine alte Legende.
	Die Zyklopen:	Unwahr. Zyklopen sind Sagengestalten.
Seite 71	**In den Pyramiden:**	Unwahr. Die Pyramiden sind Königsgräber.
	Das Geheimnis des Sphinx:	Unwahr. Der Sphinx ist ein Fabelwesen.
Seite 72	**Der alte Teppich:**	Unwahr. Turkmenische Nomaden haben vor etwa 1500 Jahren den Teppich erfunden.
	Die Pyramiden vom Sudan:	Wahr.
Seite 73	**Die größte Pyramide:**	Wahr.
Seite 74	**Das Geheimnis des Suezkanals:**	Wahr.
	Das Geheimnis der Druiden:	Wahr.
Seite 75	**Das Geheimnis der Runensteine:**	Wahr.
	Die chinesische Schrift:	Unwahr. Die chinesische Schrift hat „nur" rund 50000 Schriftzeichen.
Seite 76	**Dschingis-Khan in Ostfriesland:**	Unwahr. Dschingis-Khan kam „nur" bis ans Schwarze Meer.
	Das Gold der Alchimisten:	Unwahr. Die Alchimisten haben es nie geschafft, aus Blei Gold zu machen.

Seite 77	**Der Papst:** Wahr. Papst Hormisdas (514-523) war der Vater von Papst Silverius (536-537).	
Seite 78	**Wie die Indianer nach Amerika kamen:** Wahr.	
Seite 79	**Die Entdecker Amerikas:** Wahr.	
	Der erste Panamakanal: Unwahr.	
Seite 80	**Das Dampfauto:** Wahr.	
	Die Erfinderin des Benzins: Unwahr. Benzin hat weder mit Karl Benz noch mit seiner Frau Bertha Benz etwas zu tun.	
Seite 81	**Der Zeppelin:** Unwahr. Der Zeppelin konnte nur fliegen.	
Seite 82	**Käpt'n Blaubärs Lieblingsschallplatte:** Unwahr. Eine Schallplatte hat auf jeder Seite nur eine Rille.	
Seite 83	**Die Schallplattenbriefmarke:** Wahr. Die Marke ist 1973 erschienen.	
	Der beste Bauchredner: Unwahr. Auch Bauchredner sprechen mit dem Mund, man sieht es nur nicht.	
Seite 84	**Die längste Nadel:** Wahr. Die Nadel liegt im Nadelmuseum in Forge Mill.	
	Viereckige Seifenblasen: Wahr.	
Siete 85	**Riesenseifenblase:** Wahr.	
	Die Billion: Wahr.	
Seite 86	**Die Monduhr:** Unwahr. Es gibt nur Sonnenuhren.	
Seite 87	**Der Wasser-Mensch:** Wahr.	
Seite 88	**Morgens groß, abends klein:** Wahr.	
	Die Riesenpygmäen: Unwahr. Es gibt nur normale Pygmäen.	
Seite 89	**Bei Sherlock Holmes:** Unwahr. Sherlock Holmes und Dr. Watson sind erfundene Romanfiguren.